DÖRLEMANN

Jürg Halter

GEMEINSAME SPRACHE

Gedichte

DÖRLEMANN

Dieses Buch ist auch als Dörlemann eBook erhältlich.
eBook ISBN 978-3-03820-989-8

Alle Rechte vorbehalten
© 2021 Dörlemann Verlag AG, Zürich
Umschlaggestaltung: Anneka Beatty und Jürg Halter
Satz: Dörlemann Satz, Lemförde
Druck und Bindung: CPI – Clausen & Bosse, Leck
ISBN 978-3-03820-089-5
www.doerlemann.com

Für uns, jene und die anderen

I

Ein Staubkorn in der Ewigkeit

Anfang

Trenn das Band,
eröffne ein
neues Land.

Liebe als Bewegung

Sie wechselt die Straßenseite,
geht mit den Fersen voran –
deine Liebe als Bewegung
rückwärts in eine offene Vergangenheit.

Wenn wir uns am sichersten fühlen,
holen uns manchmal Bilder ein,
die wir bis zum Schluss nicht
lesen können.

Defektes Leben

Wir sind krank nach uns selbst,
an den schönsten Orten der Welt,
lassen uns sagen, wo diese liegen,
sehnen in die Weite, sehnen uns matt.

Wir sparen uns für eine Zukunft auf,
um die wir uns selbst betrügen.
Wir treten besonnen ans Feuer,
niemals wollen wir brennen.

Wir verschwenden uns wohltemperiert,
betäubt von der Hitze, die uns fehlt,
warten wir – dass das wahre Leben beginne
(etwa nach der nächsten Eiszeit).

Solange wir unseren Tod verdrängen,
kommen wir nicht lebendig zur Wahrheit,
danach zu leben heißt zweifelsohne nicht
täglich vor Todesangst zu sterben.

Zu große Gefühle

Über Verlorenes nachdenken,
bis man selbst verloren geht.

Aufgewirbelter Staub,
der sich auf ein Polaroid niederlässt,
letzte Woche noch nicht geschossen.

Das Innerste gibt es nicht,
aber es macht uns aus.

An eine Wand zu sprühen

Was willst du mal werden,
wenn du groß bist? –
Ein Staubkorn in der Ewigkeit.

Suche nach Verbündeten

Vor einer Bankfiliale eine Frau,
die ihr Transparent sinken lässt:
»Was kann ich schon ausrichten?«

Anderenorts zieht ein Argument,
längst widerlegt,
randalierend durch die Straßen.

Ein Manager fragt auf einmal,
wo er sich befindet:
»Wo befinde ich mich?«

Umzingelt von Asphalt: gestutzte Bäume.
Vögel, die auf ihnen landen sollten,
einzig auf großen Monitoren zu sehen.

Einer Leserin geht ein »Ist vergriffen«
aus der Buchhandlung nach:
»Diese Geschichte darf nicht verschwinden.«

In alle Richtungen wird endlos kommuniziert,
manchmal kommt's gar zu richtigen Gesprächen.
Konkurrierende Einsame in weltoffenen Städten.

Man bewegt sich zwischen Begegnungszonen
auf der Suche nach dem Besonderen,
doch auch dieses betreibt überall Filialen.

Überall wird das, was andere erreicht haben,
mit dem verglichen,
was man selbst erreicht hat oder nicht.

Überall könnte man erleichtert davon sein,
zu was man es nicht gebracht hat,
aber das zählt nicht.

Und du? Hältst du es für selbstverständlich,
dass dir dein Schatten folgt?
Erinnerungen huschen durch den Raum.

Magische Heimat

Die Touristengruppe, von der ich mich entferne, gleitet
wie ein Riesenmanta über den verregneten Platz.

»Komm nach Hause, weiß nicht, wer du bist«,
hör ich mich beinahe stimmlos sagen.

Hinter dem Kirchturm taucht ein roter Ballon auf,
möge er mich aus der Traurigkeit lotsen.

Glocken sind zu vernehmen, tiefer als das Meer,
Mantas umkreisen mich – in mir fliegend.

»Ich bin die Droge, die dich dirigiert«,
orakelt es da fern in mir.

Frau in geparktem Mercedes

Sie denkt in Zusammenhängen,
doch sie möchte nur träumen –
sie träumt von der Realität
und vom Traum, in dem sie lebt.

Nachtschwimmen

Den Kopf im Nacken saß ich vor einem Schulhaus,
hin und wieder fuhr ein Auto vorüber, nichts Besonderes,
aber mir war, als sähe ich den Mond zum ersten Mal,
bis mir einfiel, dass ich ihn, so wie heute, zum ersten Mal
                                                                                          sah!
In dieser Nacht, die so nie wiederkehren würde,
schon immer da war, zwickte mich Ewigkeit ins
                                                                         Ohrläppchen!

Nach einer unbestimmten Zeit erhob ich mich,
den Nacken vom Zummondhochschauen starr,
doch erleichtert und in Auflösung begriffen wie jedes Wort,
das mir auf dem Nachhauseweg durch den Kopf ging,
bis ich träumend im Bett lag – träumend wovon?
Selbstredend vom Mond, der stoisch jedem Gedicht
                                                                             widersteht.

Ich näherte mich einem weiß rauschenden Loch –
                                                               schreckte hoch,
ob der alte Trabant nicht müde vom Betrachten der Erde ist?
Vielleicht ist er bereits vor tausenden von Jahren darüber
                                                                      eingeschlafen
und hat seitdem all unser Verlangen nach ihm verpasst.
Oder ist der Mond bloß ein Zustand, in dem sich
unsere maßlose Selbstüberschätzung manifestiert?

Ach was! Gewiss schwamm in jenem Schäfchenwolkenfeld
grad mein Kopf dahin – ich sank,
Tempo ungewiss, zurück ins harte Kissen.
Vorerst widersteht der Mond jedem Gedicht,
so wie du meiner umnachteten Liebe, o fernes, fremdes
．．Herz!
Das Weltall ist eine Diva, die sich niemand ausdenken
．．kann.

Allein, allein

Schwer und dunkel hängen
Wolken überm Platz,
auf dem wir nahe beieinanderstehen –
in deinen Augen plötzlich
ein Wetterleuchten.

Kosmisches Gedicht

*»Das Verhängnis ist dunkel und tiefer als jegliche
Meerschlucht.«*   W.H. Auden

Der Raum, den ich in der Welt besetze:
ein kleiner Sieg, eine namenlose Niederlage.

Wohne im Versuch, kann nicht bleiben,
empfehle mich.

Der Raum krümmt sich und wir uns
in ihm – ich woge in Gedanken.

Unsere Körper folgen unseren Schatten,
wir verformen uns, werden zu Ellipsen.

Kullern benommen die Milchstraße runter,
die in den Mikrokosmos unserer Köpfe führt.

Die Nichtexistenz von Räumen liegt außerhalb
unseres unendlich beschränkten Verstandes.

Sehen wir in die Weite, blicken wir als zerstäubende
Wechselwirkungen in die Materie – wir sind Weich-

körper mit festen und sich ändernden Überzeugungen.
Vielleicht gibt es uns nur, wenn wir grad gedankenlos sind.

Das unvermeidbar an die Sprache Gebundensein:
ein Zeigefinger, der leicht gebeugt auf den Himmel zeigt.

Beständig sein können, was man fühlt, ohne Differenz?
Ein zeitloses Lächeln durchzuckt das Universum.

Das kosmische Gedicht, das jemand vor Zeiten zu
                                    rezitieren begann
und dessen letzte Strophe voraussichtlich seine erste ist.

II

Wir schaffen das

Gute Menschen

Für Unnachgeborene

Es gibt kein reines Wasser mehr,
atmen fällt nicht leichter,
es wird nicht mehr kälter,
Mobilität kennt kein Weniger,
Gletscher wachsen nimmer,
Das haben wir uns verdient.
Wir sind gute Menschen.

Meeresspiegel senken sich nicht,
Böden verdauen kein Gift ohne Unterlass.
Das Endlager für all unseren Müll
werden wir niemals finden und wenn,
wird's unverschämt klein sein.
Das haben wir uns verdient.
Wir sind gute Menschen.

Leisten uns den Luxus zu verzichten
und unter Applaus darüber zu sprechen.
Doch heißt Verzichten nicht,
dass wir auf irgendetwas verzichten müssen.
Die Grundbedürfnisse mehren sich,
sind niemals zu befriedigen.
Wir schaffen das.

Viele von uns noch unversehrt von Kriegen,
wenige unberührt von Erzählungen darüber.
Wir verdienen nichts als Wachstum,
das uns nachhaltig vernichten wird.
Immerhin wird die Erde für uns tröstlich
langsam unbelebbar – definiere Hoffnung.
Wir schaffen das.

Können bis zuletzt vom Glauben zehren,
dass wir etwas hätten dagegen tun können.
Selbstbestimmt leben und sterben,
selbstbestimmt tot sein,
wer's glaubt, wird selig.
Wir sind gute Menschen.
Wir schaffen das.

Die einzig wirklich relevante Frage
auf globalen Podien aber bleibt:
Wer kommt für die Kosten
der nicht enden wollenden
Selbstzerstörung auf?
Lasst uns drüber schlafen.
Wir schaffen das.

Die Schatten unserer Hände kreisen
über weißem Papier.
Im Namen des heiligen Nichts
verschweigen wir dieses Gedicht.
Da fallen Steine von unseren Herzen.

Weltgeschehenmüde heben wir sie
gegen die Sonne: Bernsteine!

In jedem von ihnen schläft ein Mensch.
Die Zukunft wird zur Trauer um etwas,
das nicht mehr ist.
Wir sind gute Menschen.
Wir schaffen das.
Überlassen unser Haus nicht kampflos
den Ratten, die zuerst wir selber sind.

Lasst uns jetzt der Blumen gedenken,
die nach uns blühen werden,
den neuen Blumen,
die wir nicht mehr sehen,
nicht mehr riechen können.
Lasst uns der Welt nach uns gedenken,
die uns zu Füßen liegen wird wie keine davor.

Schichten

Dieses Gedicht soll an Gedichte erinnern,
auf die längst kein Auge mehr trifft.

Dieses Gedicht soll sich ausmalen,
wann es selbst vergessen sein wird.

Dieses Gedicht soll dir sagen, wie du dich gerade fühlst,
ohne es auszusprechen – erinnerst du dich?

Blick aus der Vergangenheit

Bin außer mir, mein Gedächtnis: eine geplünderte Burg,
ich als Geist darin lebend – oder als Geisterjäger
vor dem Kamin, nach erfolgloser Jagd
meine Hände wärmend.
Im Licht des Feuers flackern, gemalt in Öl,
die Gesichter meiner Vorfahren auf,
gehängt in einem weitläufigen Saal,
durch den ich mit einem Becher Wein schreite,
mit ihnen so lange Zwiesprache haltend,
bis ich filmreif in der Gegenwart ankomme
und auf einen Balkon trete:
Im Licht einer elektrischen Straßenlampe
schwirren zahllose Mücken ihrem Tod entgegen,
am Himmel glaube ich Glänzendes zu sehen.

Ich kneife die Augen zusammen, vermag jedoch
weder die aus dem Dienst entlassenen Satelliten und
Raumsonden noch deren zusammenprallende Teile zu
erkennen. Diese Artefakte in der Erdumlaufbahn werden
dereinst nicht mehr über mich erzählen, als dass ich im
Jahre 2019 staunend hier, im Schatten einer Burgruine
gestanden haben werde und erschüttert dachte: All die
Vorfahren in mir, ich könnte platzen!

Pionier ohne Grund

Steige hoch zu dir,
der du eine mir
über den Kopf
gewachsene Idee
eines Anderen bist –
oben angekommen,
stecke ich eine
Stange in die Luft,
daran ein Fähnchen,
das mein Gehirn
im Profil zeigt;
in alle Richtungen
verweht.

Unsere Namen

Allen Planeten haben wir unsere Namen gegeben.
Sprache greift sehr weit in den Raum,
das ist, was gesagt werden kann.
Doch verstehen wir uns selbst
nicht mal bis zur Nasenspitze;
wenig drunter schnalzen unsere Zungen
in der Unendlichkeit nach einem Quäntchen Resonanz,
sprechen leise zweifelnd unsere Namen aus.

Gott vor dem Urknall

Was könnte ich nun tun?
Wie bring ich's zustande?
Wie lange soll es dann halten?
Über welche Dimensionen denke ich nach?
Und wenn es schiefläuft?

Die Fragwürdigkeit des Menschen

»Die Fragwürdigkeit des Menschen ist unantastbar.«
Dexter & Retrogott

Das Klirren von Glas lässt dich
aus dem Schlaf schrecken,
du starrst durch ein zerbrochenes
Fenster in die Dunkelheit.

Ein kühnes Wort zieht dich unter
der warmen Bettdecke hervor –
du kannst es nicht aussprechen,
halb befreit und halb befangen

Stößt du dich von der Bettkante ab,
schwimmst hinaus ins Dunkle,
wo du Wasser für einen Kaffee aufsetzt;
komisch allein, komisch nüchtern.

Hast du es denn vergessen?
Die Fragwürdigkeit des Menschen,
sie ist unantastbar.

Großes, wandelndes Blatt

Im Dunst der sich ins innere
Exil zurückziehenden
Gletscher suchen wir
nach unseren Häusern.

Wir finden sie nicht mehr.

Wir sehen Bäume, die sich entwurzeln
und in den grauen Himmel steigen,
o Himmel, fliegendes Wurzel-
system über unseren Köpfen!

Wir werden wieder zu Nomaden.

Festgesetzt auf noch lebenswerten Inseln,
wo wir unserem Niedergang
selbstmitleidig trotzen,
als wären uns die Hände gebunden.

Wir sehen tiefer ins Lagerfeuer.

Schutzlos verwandeln wir uns in etwas,
das rund um uns wächst,
werden allmählich Teil
eines anderen Ganzen.

Wir heben ab.

Still, weit und grün,
wie ein Blatt im Juniwind,
so ist das Land,
von dem wir träumen.

Lockdown

Ich gehe durch die leeren Straßen
meiner seit Wochen entrückten Stadt,
folge Schatten, die niemand wirft,
höre das Knirschen von Lack
unter meinen Füßen, im Schritttempo
taucht neben mir ein Polizeiwagen auf,
ich nicke stumm, deute in eine Richtung
und schlage, als der Wagen verschwindet,
eine andere ein – bin richtungslos.
Da ist was, das mich wach hält und mit Lebenden
und Toten ins Gespräch kommen lässt,
dabei spreche ich allein zu mir,
während ich darauf warte, dass in einem Fenster
mein Spiegelbild erscheint und mir erzählt,
wie es so weit kommen konnte.

Bin ich widerlegt oder verrückt?
Gehe weiter, balancierend
auf einer Markierung am Boden,
bis mich auf einmal etwas
anderes an der Hand nimmt.
Hoffentlich wirft es mich nicht
ganz aus der Bahn, bitte ich.
Sekunden später finde ich mich
in einer Kristallkugel wieder,
die ein schwer atmendes Kind
aus einer Bücherwand zieht,

während es zwischen den Vorhängen
hindurch auf eine Welt schaut,
die in maskierten Flammen steht –
wie konnte es so weit kommen?

Offenes Weiß

Wenn ich wüsste, was ich nicht weiß,
wär ich kein Mensch –
ob tausend Meter entfernt
oder zum Berühren nahe:
Was sehe ich?

Augenblicklich Schnee über Schnee,
die Idee, dass da jemand vorausging,
den ich nicht kannte – die Sehnsucht,
niemandem zu folgen als mir selbst.
Keine Spuren zu hinterlassen als …

An manchen Tagen der Wunsch,
leichtsinnig in den Himmel zu fallen,
in manchen Nächten der Traum,
mich wolkengleich aufzulösen,
mit den Winden zu gehen.

Nun staune ich über die Schneeflocke,
die in meiner Hand zergeht,
während ich sie bitte,
noch ein wenig hierzubleiben,
bewege ich mich tiefer ins offene Weiß.

Monolog einer Pfütze

Ich bin eine Pfütze, in der sich ein Warenhaus spiegelt.

Während du diese Zeilen liest, werde ich
schon wieder verschwunden sein.

Ich wurde nicht geschaffen, um zu bleiben.

Bin immerzu unterwegs, immerzu in Bewegung,
in Auflösung begriffen.

Weiß nicht, ob ich überhaupt von »Ich« sprechen sollte,
wenn ich über mich, also die Summe der Tropfen,
aus denen ich bestehe, rede.

Aber machen wir die Sache nicht komplizierter, als sie ist.
Vor vierzehn Tagen noch lag ich vor einem Bahnhof.
Und dort war ich nicht die Pfütze, die ich jetzt bin.

Am liebsten mag ich Kinder, die mit großem Anlauf
   in mich hineinspringen.
Oder wenn sie Schiffe aus Papier falten, die sie dann
   auf mir treiben lassen.

Im Herbst bin ich gerührt von den am Leben leidenden
                                     Melancholikern,
die sich in mir spiegeln, während sie sich die großen
                                       Fragen stellen.

Wenn es Winter wird und ich gefriere, dann kommen
   sie wieder, die Kinder,
und gleiten lachend über mich.

Überhaupt nicht gern entstehe ich auf einer Straße,
außer ich werde von einem Bus oder einem Lastwagen
   ins Gesicht eines miesepetrig dreinschauenden
   Schönwetterfanatikers gespritzt.

Sonne allein macht schließlich auch nicht glücklich!

Was gibt es Schöneres für zwei Verliebte,
als barfuß durch einen Sommerregen zu laufen und sich,
in einer Pfütze stehend, zu küssen?

III

Kommendes Paradies

Kommendes Paradies

I

Momentan sehe ich in deinen Straßen nur Bäume,
als hättest du dich zwischen ihnen
verborgen breitgemacht,
Buenos Aires, eine Stadt als Zufall.
Was weiß ich, bin zum ersten Mal hier,
meine Vorstellung von dir, ein vager Traum.
Mit der Landung hattest du mich im Blick.
Mal sehen, was noch kommt.
Buenos Aires, Entschuldigung,
versuche mich in einem Gedicht,
bevor ich dich kennenlerne;
es muss die Aufregung sein!
Aber was rede ich hier?
Jedenfalls nicht deine Sprache,
oder habe ich dich falsch verstanden?
Als gäbe es Städte, die nur eine Sprache sprechen.
Sehe durch die Blätter eines Baumes
in einen leicht bewölkten Himmel,
könnte überall auf der Welt sein,
wer aber umgarnt mich hier?

Möchte heute nichts erkennen, will nicht staunen,
nur sehen, sehen, wo ich bleibe als Unbeteiligter,
etwa auf dem großen Platz einer Stadt,

in der ich zuvor nie war,
und dann erfahre ich plötzlich,
dass ein Generalstreik verkündet wurde,
die Landeswährung rasant an Wert verliert.
Verstehe die Zusammenhänge kaum,
frage mich ironisch angespannt,
ob das irgendwas mit mir zu tun hat –
der Kehrseite des Kulturaustausches.

Das stete Unterwegssein, das Zu-wenig-Zeit-Haben,
das stete Nicht-Eindringen in Orte,
dieses Leben an der Oberfläche lobe ich.
Bin so mündig und weltoffen.
Jedoch, wenn ich sagen müsste,
welcher Welt gegenüber ich genau offen sei,
geriete ich ins Stocken – die Angst, dass mich all das
irgendwann einholt und brutal zur Rede stellt,
halte ich klein. Bislang funktioniert es ganz gut,
mit mir und der Offenheit.
Bigtalks rund um die Welt,
vornehmlich mit Menschen, die rund um die Welt
Bigtalks führen können – man gehört dazu.
»Zu Hause ist man dort, wo einem ein Fremder das
                                        Land raubt«:
hätte Guacanagari, der König der Arawaks,
als Kolumbus Amerika erreichte,
ihm dies nur entschieden ins Gesicht gesagt,
wäre die Welt heute vielleicht eine andere.
Und die Arawak nicht ausgerottet.

Vielleicht wird der Flughafen morgen geschlossen,
vielleicht auch nicht,
wir werden es sehen,
vielleicht können wir begnadeten Ausländer
das Land vor der Revolution verlassen,
vielleicht werden wir unsere Coffee Table Books
und Designermöbel aber nie mehr wiedersehen.
Doch von Panik kann keine Rede sein,
unvorstellbar, dass Armut und Krieg uns betreffen –
auf Wiedersehen, Buenos Aires,
ich muss jetzt raus hier!

II

Das erste Bier, als ich zurück bin,
mich im klimatisierten Zug hinfläze und denke,
dass ich momentan wohl übel rieche,
was soll's, reibe mir das Fett der Zweifel-
Chips übermüdet an den Hosen ab,
fühle mich ein bisschen wild,
wie in einer Werbung – die internationale Biermarke
schmeckt mir so gut wie lange nicht mehr – absurd,
die auf der Dose in Aussicht gestellten 4000
Sofortpreise lassen mich wie immer kalt
(wer um Himmels Willen interessiert sich dafür?).
Zu weltbesoffen, um Heimatgefühle
guten Gewissens zuzulassen,
feiere ich Fremde, die ihre Herkunft feiern, ab.

Wie langweilig es doch ist, zu betonen,
dass man auf sein Land nicht stolz sei,
aber dankbar in solchen Verhältnissen geboren zu sein,
langweilig, aber politisch höchst korrekt.
Wie beschämend schön ist es,
wieder meine Sprache zu hören.

Zu Hause angekommen, ziehe ich mich aus,
bewege mich unter die Dusche,
Trinkwasser mischt sich mit Schweiß
und exotischem Gel aus dem Supermarkt,
meine Weltläufigkeit verschwindet dennoch im Abfluss.
Trocken auf der Bettkante frage ich mich,
bevor ich für 12 Stunden durchschlafen werde,
wofür ich in meinem Leben kämpfe,
wofür es sich zu sterben lohne:
Im Gänsefederkopfkissen finde ich zu
zu romantischen Antworten.

Am nächsten Tag, auf dem Weg zur Arbeit,
sehe ich mich trübe in einer Pfütze spiegeln,
schaue genauer hin: Hinter meinem Kopf,
segelt da zwischen Bäumen ein Kondor
im kaum bewölkten Himmel?
Beflügelt von einer plötzlichen Leichtigkeit,
hüpfe ich wenig elegant über die Pfütze.
Als ich mich nach dem Kondor umdrehe,
erinnere ich mich, dass du, Buenos Aires,
und ich uns berührten, dieselbe Luft atmeten,

eigentlich schon verbunden waren, bevor wir uns trafen.
Gemäß den Naturgesetzen sind unsere Wurzeln überall.
Wo, wenn nicht überall in der Welt, sollte ich also zu
                                      Hause sein?
(Es gibt keine dummen Fragen, Menschenskind,
                                     o Same im Wind!)
Einen Augenaufschlag später stehe ich für Minuten
                                         tagträumend
unter einem Baum in Buenos Aires' Straßen,
reflektiere mich in einer Öllache, vermutlich ohne zu
                                         bemerken,
dass in meinem Rücken, wutentbrannt,
ein Demonstrationszug vorüberzieht.
Sag schon, von welcher gerechten Welt träumst du?

IV

Unheilbar am Leben

Schwarze Tauben fliegen auf

Für Endo Anaconda

Vor einem Bauernhaus, die Füße aufm Koffer,
hockt ein Mann und schaut ins Land,
zieht an seiner Zigarette,
fliegend überm Tal
summt er Melodien,
für immer jung.

Nächtliche Straßen sind sein Trost,
er buchstabiert das Wort »verlassen«
und tritt aufs Gaspedal,
fliehend vorm Weltschmerz
legt er sich die Karten
am Fenster eines Hotelzimmers:
»Mensch, du interessantes Phänomen.«

Er flaniert, Zigarette zwischen den Fingern,
durch die Stadt, singt von Ohnmacht
und der Flüchtigkeit der Liebe,
brennt sich das Wort »Romantik«
in die Haut, unter der Dusche
schreit er auf, durchsichtig
und einsam wie die Nacht.

Er lehnt an einer Bar, sie prosten ihm zu,
er schiebt sich den Hut in die Stirn,
fliegt auf seinem blauen Pferd
den Sternen entgegen –
die Realität kann ihn nicht täuschen;
einer der letzten seiner Art,
wankt er beinahe leichtfüßig aus der Bar.

Hinterm Steuerrad lacht er heiser,
schwarze Tauben fliegen auf,
es duftet nach Frühlingsregenflieder,
Fische schauen in den Wagen,
sein Kater schläft auf der Rückbank;
im Radio lacht ein Kind,
ja, so vergeht die Zeit.

Vor einem Bauernhaus hat ein Mann
Platz genommen, zieht den Hut,
bewegt von Erinnerungen,
bläst er dem Tod sanft lächelnd
Rauch ins Gesicht.
Unheilbar
am Leben.

Spiegelgedicht

Du gehst durch ein Spiegelgedicht, von dem du dich nicht
in den Wahnsinn treiben lassen willst – was hilft?

Einen Daumen gegen deine Schläfe drückend wünschst du,
dass sich das Ding kurz mal abschalten lässt.

Wir haben das Universum vom Urknall bis zu seinem Ende
in unserem bewegten Blut – sagt wer?

Der im Verfall zu begreifende, in vielen Zungen redende
                                                                   Körper.
Wir gehören alle dem Schmerz, der uns spiegelt oder
                                                                   ausblendet.

Was man wahrnimmt, für wahr nehmen?
Durch die Frage machst du dich aus dem reflektierenden
                                                                  Staub.

*Kurzfassung: Sensible Menschen sollten diesen Planeten
dringend meiden.*

Irgendwann am Abgrund die Erlösung

Drei Uhr morgens in der Cuba Bar erklärst du genervt,
dass Alkohol dir nichts anhaben könne,
du hättest bereits eine Flasche Wodka geleert
und spürtest noch nichts, rein gar nichts,
könntest noch immer jedem in die Fresse schlagen,
der dir Scheiße kommt oder sonst was.
Deine zuckenden Mundwinkel sprechen für sich,
raumgreifend deine geweiteten Pupillen.
Du stehst über allem. Schmerzlos. Unbesiegbar.
Im Feuerwasser deiner Augen schwimmt Zorn dahin.
Verschluckt an zu vielen Antworten brennst du durch
                                        die Nächte.
Was hat dich so entzündet? Allnacht ist Endkampf.
In deinem Schoß geht eine Faust auf, feuerrot glühend.
Die Blumen des Bösen, sie blühten nie schöner.

Mit meiner lächerlichen Angetrunkenheit und Ratschlägen
komme ich deiner dunklen Euphorie nicht bei,
bin wohl zu feige, mit Kreditkarten Grenzen zu über-
                                        schreiten,
und nenne es mangels Alternativen Vernunft.
Wisse, ich brenne auch so, nur langsamer, anders.
Du ahnst wohl selbst, dass du's nicht mehr im Griff hast,
warum solltest du dir das aber eingestehen,
so jung, wie du zu sterben träumst. Bin so machtlos,
                                        könnte kotzen.
Ja, verdammt, solche Gedanken sind nur schlechte Drogen,

du aber hast gute Quellen. Den reinsten Stoff! Schwitzt
                                                                         Gold!
Würde ich dich jetzt daran erinnern, dass Kokain bei Lichte
betrachtet menschenblutrot ist, würden mich deine
                                                        Pupillen wohl
verschlucken wie schwarze Löcher – dabei werde ich
selbst oft von der kosmischen Sinnlosigkeit erfasst.

Aber ich will dieses Gefühl nicht töten ... und nein,
dieses Gedicht soll dir keine Warnung sein, und nein,
ich kaufe beim Rosenverkäufer keine Blumen des Guten
                                                                   für dich,
überbrücke nur die Zeit, bis du, noch schwitzender,
                                                                     fanatischer,
geladener und mit einem Herzschlag immer eine Linie vor
                                                                       Infarkt,
wieder von der Toilette zurück bist. Ein tollwütiges Tier.
Aber hey, erzähle danach nicht mir, schnell atmend
und in tausend Sätzen, sondern deiner Nasenscheidewand,
dass du dich von deinen Dämonen nicht ficken lässt.
Und ja genau, dass das ganze verdammte Leben
eine einzige Wahnvorstellung sei, schon klar.
Und schreie nicht, dass dein Vater diesen Fick auch
                                                                überlebt hätte.
Muss jetzt los. Meine Sorge, dich zu verlieren,
wird dich nicht retten, mein Freund.

Ewige Sekunden

Langsam, leise, ja, unmerklich, schleicht es in uns,
bis wir merken, dass es schon immer da war,
kommen damit nicht klar,
noch nachdem wir in der Geschäftigkeit
eines Tages versickert sind –
denkt sie vor der Spüle stehend und wendet sich,
in einem ansonsten leeren Haus,
erschöpft wieder ihrem weinenden Baby zu.

Flug der Identitäten

Schwankende Zweige,
als säßen, Beeren pickend,
graue Vögel auf ihnen.
Diese Zweige aber sind kahl,
und der einzige Vogel hier bist du,
im Schnabel eine Zigarette.
Allein im Innenhof der Anstalt,
schließt du die Augen,
blendest die Welt aus.
Eine neue scheint auf.
Du lebst in keiner Wirklichkeit allein,
deshalb behalten sie dich hier.
Nun, du hast Identitäten,
mit wem von dir dürfen wir
zuerst ins Gespräch kommen?
In diesem Augenblick steigst du
als Vogelschwarm rauschend
aus dem Baum und fliegst
in all unsere Richtungen
davon – direkt auf uns zu!

Ohne Ende

Ein Mensch, der jung zerfällt,
denkt über Gerechtigkeit nach,
die Arme um jemanden geschlungen,
der verspricht, ihn bis über den Tod
hinaus zu lieben – die linke Hand
der Nacht dreht eine junge Frau gegen
den Uhrzeigersinn in einen Zustand,
in dem sie für ihre Trauer
weder Worte noch Gesten findet.

Ich glaube

Du blickst an die Zimmerdecke,
erbaut von deinem Unglück
wächst du langsam
über dich hinaus.

Wie eine leere Kirche.

Die Nachricht, die ich mir von dir erhoffe,
beflügelt mich – bewegungslos
liege ich im Bett – ohne Zeitgefühl,
im Selbstgespräch – mit dir.

Du fehlst.

Schaust mich an, siehst durch mich,
kannst mich nicht sehen – bist nicht hier.
Sag, erschreckte ich, wenn ich sähe,
wie du mich sieht?

Wo bist du in diesem Augenblick?

Niemand bleibt unverletzt.
Alle kennen dieses Lied.
Das Unerfüllte ist nicht das Eigentliche –
aber was wären wir ohne die Hoffnung?

Ich erwache aus einem Traum in den nächsten.

Werde das Gefühl nicht los: Alleinsein
entfernt mich zunehmend von mir selbst.
Ich glaube, in diesen Sekunden schwebst du
übers Dach hinweg – dort schweben wir.

Sind Unausgedeutete.

Und bleiben es
bis über unseren Tod hinaus.
Wo immer du auch bist,
bitte, gib nicht auf.

Ohne Titel (blau)

Sie steigt vom Balkon hoch ins Nachtblau,
wahrscheinlich löst sich dabei ihr Herz auf:
Blau keine Farbe, Farbe kein Wort, sie malt sich fort –
                                        ohne Titel.

Das Thermometer in ihrer Hand zeigt ihr den Grad ihrer
Verlorenheit nicht an – verspult sie sich in der Zeit?

So treibt es uns täglich auseinander; manchmal bis zur
                                        Entkörperlichung.
Natürlich ist all das so maßlos erfunden, wie es absolut
                                               möglich ist.

Da steht plötzlich ein unsagbar schönes Verlassmeinnicht
                                      in die Luft gehaucht.
Sie sieht's nun lächelnd ein: »Muss mich heute schonen,
allem Anschein nach hab ich morgen einen schlechten Tag.«

Teenage Sonnenuntergang

Ein Mädchen blickt durch
vorübereilende Passanten
in eine zerrissene Gegenwart.
Sie trinkt Energy,
feiert das Leben – die Depression,
macht ein weiteres Video,
redet lachend in ein Kabel.
Aber was geschieht dann?

Sie wischt zum millionsten Mal
über den Bildschirm,
nur diesmal verschwindet sie.
Eine Passantin hebt das Gerät auf,
lässt's erschrocken wieder fallen,
im zersplitterten Bildschirm
das Mädchen mit weit aufgerissenen Augen,
hinter ihr ein Sonnenuntergang
wie ein schreiendes Klischee.

Im Himmel über Berlin

In einer Straßenbahn unterwegs durch die Nacht
an den Rand einer nicht allzu großen Stadt
kommt dir das Wort Abenteuer in den Sinn.

Eine Frau in Uniform schüttelt quälend langsam den Kopf,
du gibst ihr nach kurzem Zögern recht – auf was mag sie
so entschieden hoffnungslos geantwortet haben?

In deiner Brust erwacht ein Gefühl, das Verdrängen heißt:
Zu viele Gedanken, wieder keine Entscheidung getroffen.
Elliptisch fährt die Straßenbahn in den Himmel empor.

Am Horizont

Sind Schiffe zu sehen –
aufsteigende Falter?

Eine neue Zeit ist angebrochen.
Oder ist's die Wiederholung einer alten,

Mit ausgetauschten Menschen,
in einer parallelen Welt?

Zwei Kinder laufen
hinunter zum Ufer.

V

Roter Faden

Episch

Ganz Deutschland spricht über dieses Gedicht,
obwohl ich es noch nicht geschrieben habe
und darüber hinaus Schweizer bin.

Sie können sich ja selbst vorstellen,
was momentan hier los ist.
Das ist e p i s c h .

Sein Zimmer (tolstoisiert)

Er richtet sich auf, wo er zuvor nie war,
als jemand, den er sich letzthin vorstellte zu sein:
ein Bauer im Russland des 19. Jahrhunderts. Anders als
                                                 erwartet.

Über Nacht muss sein Zimmer untergegangen sein,
eine Frau, die er nie sah, liegt schnarchend neben ihm,
er kneift sie in die Wangen, tritt ans Fenster.

Er schaut in eine fremde Landschaft; weite Felder,
»du hast nur geträumt, Dummkopf!«, vernimmt er eine
                                                 Stimme,
die ihm vertrauter ist als er sich selbst an diesem Morgen.

Als er sich umdreht, liegt niemand im Bett,
niemand außer ihm, der sich ein schweres Buch
von seiner Brust schiebt und die Augen öffnet.

Neues Ritual

Mit Brummschädel schleppt er sich unter die Dusche,
wäscht Körper und Haare, putzt die Zähne,
setzt seine Brille auf, kämmt sich,
wirft sich in Schale,
richtet die Krawatte und tritt
verhandlungsbereit
aus der laufenden Dusche.

Die erste Präsidentin der Vereinigten Staaten

*»There's no excuse for the young people not knowing who
the heroes and heroines are or were.«* *Nina Simone*

Sie gleitet als Schatten ihrer selbst
unterm Asphalt in Richtung Weißes Haus.

Bald taucht sie als Schlafwandlerin aus dem Boden auf,
wird von Polizisten durch eine verstummende Menge

zu einem Rednerpult im Scheinwerferlicht geleitet,
wo sie unter plötzlich tosendem Applaus erwacht.

Vermisste Katzen

Wir suchen, streunen rum, jagen vergebens,
wem gehören wir?
Wenn uns der eigene Zuspruch
nicht mehr erreicht,
werden wir zu vermissten Katzen,
auf der Suche nach uns selbst.

Roter Faden

Aus deinem Pullover ziehst du einen Faden;
er nimmt kein Ende,
so bemerkst du nicht, wie du bald
mit halbnacktem Oberkörper
vor dem Kellner sitzt,
ziehst einfach weiter, bis nichts mehr
als ein roter Faden übrig ist:
Der Kellner nimmt ihn auf,
beginnt eine Decke zu stricken,
um dir diese beiläufig umzulegen,
während er höflich fragt,
ob du noch was begehrst,
ja, gerne, was Kühles, antwortest du,
es sei etwas warm geworden, hier drinnen.

Dankesbrief an den Surrealismus

Eine popcorngroße Katze
betritt das Zimmer,
vor Schreck falle ich von der Bettkante
in die Tiefe, halte mich fallend
am Traum fest,
der zwischen meinen Fingern verfließt.

In der Küche trinke ich vom Wasserhahn
einen Ozean
und wachse aus der Erdatmosphäre –
endlich öffne ich die Augen
und hebe die Katze
von meiner Brust hoch.

In der Küche, wo der Wasserhahn läuft,
setz ich die Katze auf dem Tisch ab,
serviere ihr ein Tellerchen Milchstraße
– so klein wie heute kam sie mir nie vor –
ich öffne den Rechner und schreibe
einen Dankesbrief an den Surrealismus.

Mein Papierkorb

In seinem Schoß findet manch scheinbar geniale Idee
ihre letzte Bestimmung – zum Glück.

Treu steht er dem Schreibtisch zur Seite,
macht um sich kein Aufsehen.

Er entlastet mich fraglos, indem er annimmt,
was mir missfällt, schafft Platz in meinem Kopf.

Manchmal, aus stillem Protest, stülpe ich ihn
mir einfach über, lasse die Welt außen vor.

Selten kommen verworfene Ideen erneut zu sich,
doch falls, spuckt er sie ohne Weiteres wieder aus.

Schon liegt ein zerknüllter Zettel in meiner Hand,
glättet sich von selbst und erzählt von seinem Exil.

Raschelnd reibe ich mir die Augen –
mein Papierkorb, mein Irrglauben?

Das niemals niemanden verletzende Abc
(der Rest ist Schweigen)

*	*	*	*	*	*
*	*	*	*	*	*
*	*	*	*	*	*
*	*	*	*	*	*

Sprachverlost

Sie steht vorm Haus, in dem er einst gewohnt,
in einem Vorwort, das unlängst
von der Stadt eingelesen wurde.

Buchstabiert mal wieder nach ihm,
an dem Ort, wo er sich in allem Gerede
von der Welt abgeschrieben hatte.

Da kommt ihr die Geschichte vom
menschlichen Bewusstsein in den Sinn,
dem unlängst der Tod diagnostiziert wurde.

Schön, doch weshalb versprach-
losts uns dann nicht?
Das Vergessen: Wir vergaßen.

Notiz

Von Anfang an war klar,
dass sich am Ende dieses Satzes
jeder einzelne dieser Buchstaben in Luft aufgelöst
                               haben wir

VI

Die beste Gesellschaft

Die beste Gesellschaft

Mit der Last von allem, was ich je gekauft habe,
ohne es zu brauchen,
fahre ich aus Angst, etwas verpasst zu haben,
zurück nach Hause.

Aber Selbstreflexion kann kein Ziel sein.

Was hat mich in diese Situation manövriert?
Im Rückspiegel sehe ich Berge, die näher sind,
als sie erscheinen – Aufklärung,
macht sie uns freier?

Die Straße führt mich über die Grenze.

Den Gedanken noch nicht zu Ende gedacht,
fahre ich mit dem Auto in einen aufkommenden Nebel.
Komme nirgends an als da, wo ich schon bin.
Kann man woanders ankommen?

Von der Gegenfahrbahn aus werde ich geblendet.

Für einen Augenblick sehe ich mich
als erstarrtes Tier im Scheinwerferlicht.
Unsere Freiheiten führen uns dunkel vor.
Wir verdrängen es professionell.

Die Sonne bricht durch den Nebel.

Ich bin seit Tagen unterwegs,
von Flucht mag ich nicht sprechen.
Im Autoradio eröffnet jemand:
»Erde prüft Klage gegen fehlbare Menschen.«

Jeder hat Recht. In seinem Unrecht.

Alle sitzen im richtigen Gefährt.
Selbstverständlich in ihrem Gefährt.
Mit vielen, wenigen oder mutterseelenallein.
Wohin geht die Fahrt?

Wir steuern durch eine meinungsverminte Welt.

Je mehr wir uns informieren,
je mehr werden wir in dem bestätigt,
was wir bereits zu wissen glauben.
Bis daran nicht mehr zu zweifeln ist.

Wer glaubt's?

Ich blinzle in die Sonne – mir ist's grad, als säße ich
auf dem Beifahrersitz und hinterm Lenkrad
wechselten sich sekündlich Menschen ab,
die ich aus den Augen verloren habe.

Die Erde als Erlebnispark diverser Wirklichkeiten.

Durch welches Angebot bewege ich mich momentan?
»Es herrscht Krieg. Mit vereinzelten Aufhellungen ist zu
                                                rechnen«,
meldet das Radio – ich schlage mit der Faust müde auf den
                                                      Lenker:
»Erlogene Nachfragen sind niemals zu stillen!«

Habe ich was verbrochen, an das ich mich nicht entsinne?

Vielleicht bin ich einfach nur traurig.
Fahre schneller, auch wenn mir mittlerweile entfallen ist,
wo mein Zuhause liegt – ist jemand hinter mir her?
Wolken formieren sich zu Fragezeichen.

Von fern höre ich Diskurse rauschen.

Die beste Gesellschaft, die man sich wünschen kann,
ist immer die schlechteste Gesellschaft,
die sich jemand anderes vorstellt.
So ähnlich sieht es wohl mit der Freiheit aus.

Ich lass das Fenster runter, lehne den Kopf in den
                                                    Fahrtwind.

Als das Meer auf meiner linken Seite erscheint, fällt auf
einmal
alle Last von mir ab, wie am Ende eines Katastrophenfilms,
in dem das Ende gerade noch verhindert wurde.
Bevor die Gesellschaft nach dem Abspann zersplittert.

Die meisten wieder nur für sich und ihresgleichen kämpfen.

Am Horizont taucht ein hohes Gebilde auf.
Der Turmbau zu Babel? Das muss eine Täuschung sein.
Bin zu lange ohne Schlaf, bin übermütig.
Meine Sinne verselbstständigen sich.

Unser Blick auf die verstellte Wirklichkeit.

Unser verstellter Blick auf einen Begriff.
Wir haben sprechen gelernt,
um erklären zu können, woher wir kommen,
wissen es nicht.

Wir sind vom Urknall Verlassene.

Oft hängt die Zukunft so erdrückend in die Gegenwart,
dass ich sie gar nicht mehr sehen will
und ich mich ...
plötzlich knallt es.

Das Auto hebt ab.

Der Horizont verschwindet aus meinem Blickfeld –
was ist das für eine schlagartige Stille?
Die Stille nach einer Schlacht?
Die Ruhe vor dem nächsten Gedankensturm?

Antworten bleiben aus.

Bis leise Langeweile mich endlich tanzen lässt.
In Gedanken. Gedanken werden zu Wolken,
kopfvorüber kommt mir der Turm entgegen,
ich lache, Wolken weichen – Frieden.

Vorübergehend.

VII

Der Handel mit zukünftigen Schulden

Tödlich

Dieses tödliche Gefühl, sich selbst nicht mehr zu trauen,
in einem Traum zu erwachen und festzustellen,
dass man ein Leben führt, das nicht das eigene ist.
Dieses tödliche Gefühl, ohne Selbstachtung zu sein,
einen Körper mit nichts als diesem Gefühl zu teilen,
das einen ohne Weiteres langsam auffrisst.
Dieses tödliche Gefühl, von dem man nicht satt wird.

Künstliche Intelligenz

Ich sehe ins Schaufenster eines Computershops,
unverwandt blicken mich Geräte an,
während ich ihnen zunehmend verwandter werde.
Vielleicht erweckt uns die Künstliche Intelligenz
bereits übermorgen zu Zombies,
die durch menschenleere Innenstädte wandeln,
wo sie sich in verwaisten Schaufenstern spiegeln,
ohne zu erkennen, dass sie existieren.

Gedicht für eine beliebige Nation

Ein Bauer fährt zu einer Demonstration in die Hauptstadt,
allein unter Businessmenschen, fühlt er sich fremd.

Vorbei an einer Patientin schaut eine Pfleger ins Leere,
weiß nicht, wie lange er es noch aushält hier.

Eine Speakerin sitzt auf der elektrischen Toilette
eines ausgebuchten Seminarhotels und gähnt.

Auf einer Bank in der Sonne stinkt ein Bettler zum Himmel,
fünf Schüler, neuste Sneakers an den Füßen, rufen:
                              »Du Opfer!«

Vor einer Bucht treiben Partyboote, Touristen bräunen am
                              Strand,
in Flammen steht seit Jahren das abgewirtschaftete
                              Hinterland.

Der Handel mit zukünftigen Schulden: ein legales Geschäft.
Alles hat seine Richtigkeit – nur, dafür ist es zu spät.

Erste Hilfe für Anzugträger
(auf dem Paradeplatz in Zürich rumzuschreien)

Ihr Ernstgenommenen, woran leidet ihr eigentlich?
Steht so unverloren dort vorm graumelierten Bau
und lacht in euren eindringlichen Anzügen,
unter euren sauberen Frisuren, wie frisch befördert.
Dennoch möchte man fragen, ob ihr euch
manchmal zu unrecht ernst genommen fühlt?
Tagein tagaus sorgt ihr für nichts als
dass sich der weltweite Reichtum
auf einen schamlos kleinen Kreis konzentriert.
Euer Hobby: Das Suchen des sichersten Orts
auf der Erde für einen Zweit- oder Viertwohnsitz,
falls demnächst der dritte Weltkrieg ausbricht.
Oder ihr phantasiert gleich vom Eigenheim auf dem Mars.
Ihr Unheil mehrenden Mitläufer, genug geplaudert,
kommt schon, springt über die Straße,
her zu mir! Will euch das Fell zerzausen,
eure strengen Schuhe und schwarz-
pathetischen Socken ausziehen, seid so frei!
Befreit euch aus der Krawattengefangenschaft!
Anarchie kann so viel schöner sein,
als ihr sie täglich zelebriert!

Atheistisches Gebet

Mein Selbstbewusstsein: Noch nicht aufgebraucht.
Meine Wut ist eine lackierte Hyäne, die Risse zeigt,
im Foyer einer blumig renovierten Herrschaftsvilla.
Meine Hoffnungslosigkeit: Kein stummer Schrei,
nein, verdammt! Ich verbrenne vor Bequemlichkeit!

Ich flehe auf Knien: Errette mich wer aus diesem
schön möblierten, keimfreien, wabernden Nichts!
Ich sterbe mir langsam aus; werde zu einer Vase hier.
Aber nein doch, habe den Glauben noch nicht verloren
glückselig zu verwelken – im Orchideenfiebertraum!

Rede eines Versicherungsspions

> *»Wir teilen dir mit, dass in Bezug auf dich entweder keine*
> *Daten unrechtmäßig bearbeitet werden oder dass wir bei*
> *Vorhandensein allfälliger Fehler in der Datenbearbeitung*
> *eine Empfehlung zu deren Behebung an den Nachrichtendienst*
> *deines Landes gesendet haben.«*   Ein Nachrichtendienst

Hey, du siehst mich nicht, sitze dir im Nacken,
drehst du dich nach mir um, bin ich verschwunden,
doch noch immer hier, ich entfliehe dir, du mir nicht,
keine Sorge, das ist kein Gedicht, will nichts von dir,
beobachte nur, was du so treibst, alles gut,
weißt ja, was du tust. Ansonsten erzähl ich's dir gerne.

Stets zeigt mir ein Sender deinen Standort an.
Will nur das Beste für dich, kann das denn falsch sein?
Auf Fotos und gefilmt siehst du übrigens toll aus,
ebenso beeindruckt mich deine Stimme, höre sie mir alle

                                                     Tage an.

Und betrachte im Livestream, wie du am Fenster sitzt
und ängstlich in die Welt blickst. Ja, das bewegt!

Hey, unter uns: Willst du deinen Seelenfrieden wahren,
dann zieh einfach alle Vorhänge, verlass die eigenen
vier Wände nicht mehr. Das ist nur gerecht.
Nein, vor deinem Schlafzimmerfenster, das ist keine

                                                     Drohne,

das bildest du dir nur ein. Nein, sie blickt dir nicht ins
                                                  Gesicht,
gerne darfst du so nackt dort stehen bleiben.

Nein, ich bespitzle dich nicht auf Vorrat. Wir misstrauen
                                                      allen
gleichberechtigt. Das ist nur allzu menschlich.
Ich bin ja kein Richter, kein Polizist. Hey, hör zu klagen auf.
Du musst ja keinen Unfall haben, krank oder arbeitslos
                                                    werden.
Brauchst ja keine Versicherung abzuschließen.
Das ist deine ganz freie Entscheidung.

In diesem Augenblick zeigt die Wärmebildkamera, wie
                                                 heftig
dein Herz schlägt – was soll das? Werde jetzt nicht paranoid.
Sag schon, schmarotzt du etwa? Betrüge dich nicht selbst.
Hey, ruhig Blut, wann immer du die Augen schließt
und dich schlafen legst. Sind das Schweißperlen?
Hör jetzt zu zittern auf. Ich werde noch nervös.

Bald weiß ich besser über dich Bescheid als du selbst,
folge dir bis in den hintersten Winkel deines Kopfes,
wo du mit deinen Gefühlen ringst. Ich lasse dich niemals
                                                   allein.
Wer nichts falsch macht, hat nichts zu befürchten.
Verliere jetzt nicht den Verstand.
Fühle dich frei … du hast doch nicht etwa Angst?

Kriegserklärung

»Wo die Steuerrechnung mich erreicht,
ich zuhause in der Fremde bin.«

Der Beamte schweigt lange.
Ich lege siegessicher auf.

Parallelflüchtende

Auf der monatelangen Flucht über Land und Wasser
sehen Flüchtende am Himmel Flugzeuge –
Steuerflüchtende kehren vom verdienten Urlaub heim.
Ich blicke vom Bildschirm auf.

Blow Job

Du lässt dich in einem Café mit gesetzlich
geregelten Öffnungszeiten, Mindestlöhnen
und Sozialversicherungsabgaben nieder,
bestellst ein vom Lebensmittelinspektorat
unbeanstandetes Glas Reinheitsgebot;
zu viel Zivilisation, denkst du.
Eine Frau nimmt an deinem Tisch Platz.
Könnte wenigstens fragen,
schon beginnt sie zu reden;
spricht Englisch, eine Touristin,
sucht offenbar Austausch,
nein, sie ist für einen Ärztekongress
in deiner Stadt; sie arbeite mit Kindern.
»Oh, that sounds interesting«,
meinst du, mit deiner Zeitung beschäftigt.
»Traumatized kids, raped kids«,
sagt sie ungerührt, nimmt einen Schluck Bier.
In ihrer Praxis in England sei sie mal
von einem Fünfjährigen gefragt worden:
»Why is it called a blow job, when I have to suck?«
Noch bevor du darauf reagieren kannst,
rattern dir plötzlich Statistiken durch den Kopf,
unter 1000 Menschen so viele Missbrauchsopfer,
so viele Schläge, so viele Vergewaltiger, so …
wie vielen Opfern und Tätern hast du diese Woche
schon unwissend in die Augen geschaut?
Deine Überforderung lässt du dir nicht anmerken,

möchtest in deiner überschaubaren Zeitung weiterblättern
und dein natürliches Bier aus der Region trinken,
bevor du dich mit Freunden zum Abendessen
in einem Familienrestaurant mit ehrlicher Küche triffst.
Die Frau und du, ihr schweigt nun beide.
Nach einer Weile bemerkt sie streng: »And don't talk
about fucking hope now. Just drink with me.«
Sie schaut dich eindringlich an: »I deserve it.«

Ein Kind

Können wir helfen? Stören wir es?
Macht es eine Pause? Was sieht es?
Was denkt es? Träumt es?

Ein Kind auf dem Fahrrad steht still.

Wo sind seine Eltern? Wohin will es?
Weiß es von unserem Pessimismus?
Haben wir es verloren?

Ein Kind auf dem Fahrrad steht still.

Versinken

Der Mond, hinter Wolken ein Fleck,
der beim Putzen übersehen wurde.

Durchs dunkle Wasser gleitet ein Schwan,
in meinem Rücken parkt ein Auto,
das Licht geht aus – ich schließe die Augen.

Höre die Brandung rauschen,
mehr oder weniger,
weniger bis nichts.

VIII

Als wäre Liebe zu ertragen

Gemeinsame Sprache

Wir sprechen mit Händen und Füßen,
wagen den Mund nicht zu öffnen.
Die Aquarien, in denen wir leben,
gehen nahezu ineinander über.

Wir schwimmen aufeinander zu.
Kurz bevor wir uns berühren,
taucht eine Glaswand auf,
wir drücken unsere Nasen platt.

So wie du dich vor mir schämst,
kann ich dir nicht erzählen,
wie ich mich vor dir schäme.
Wir sehen einander an.

Sauerstoffbläschen bilden
sich zu Worten.
Liebste, welche Sprache
sprechen wir gemeinsam?

Liebe

Liebe musste noch was erledigen.
Das ist der Punkt, von dem aus sie
einen Supermarkt verlässt, husch,
husch, hinein in die Dämmerung.

Schon ist Liebe in der Straßenbahn,
blitzt in den Gesichtern von Fahrgästen auf,
die sich gelöst lächelnd umschauen,
bevor ernste Mienen wieder übernehmen.

Später erblickt Liebe einen Zettel,
hebt ihn auf, rezitiert in hohem Ton:
»Wir bieten dir die Chance, dich ...«,
und lässt den Zettel fallen.

Dann vor dem Haus, wo Liebe wohnt,
lacht sie in einer Art existenzieller Verzweiflung
und verschwindet grußlos im Eingang.
Man weiß nicht, wo einem der Kopf steht.

Minuten später erscheint Liebe am Fenster,
schaut lange auf den kahlen Baum, der alleine
im Innenhof steht – es ist manchmal schon sehr traurig,
dass alles so enden muss, wie es enden muss.

Sandmann

Wörter gerinnen zu Sandkörnern,
Gedanken schleifen
meine Schläfen,
die Haut wird dünner,
kann's nicht glauben.

Meine größte Angst ist,
dass du mich verlässt,
deshalb können wir
nicht zusammen sein,
rede ich mir ein.

In meinem Kopf knirscht Sand,
kann mich nicht mehr hören.
Lecke mir Körner von den Lippen.
Trinke, doch die Kehle bleibt trocken.

Habe auf dich gewartet,
seitdem ich weiß, dass ich nicht werde,
wer ich bin, ohne dich.
Die Kraft deiner Abwesenheit
hat mich im Griff.

Da platzt meine Haut auf,
es strömt der Sand.
Sekunden später find ich mich
in einem Stundenglas wieder.
Kann's nicht glauben – muss!

Eines fürs Poesiealbum

So unnahbar schön wie sie auf der Bettkante sitzt,
erträumt er sich, sie wäre nicht hier,
und er würde sich dafür verfluchen,
dass er sie einfach hat gehen lassen –
was denkt er da? Sie ist nicht hier!
Als hätte er den Hauch einer Chance gehabt.
Er steht am Fenster und bittet wie von Sinnen,
dass sie derselben Wolke wie er nachsehnt,
dabei einen Gedanken an ihn verliert;
wie er hier steht, ihre Arme um sich
geschlungen wie die Hoffnung,
die ihn fatalerweise nicht aufgibt
und diese umso fataleren Zeilen schreiben lässt.

Zusammen kochen

Stets hoffend, sich selbst in jemand anderem zu erkennen
und darüber nicht allzu erschrocken zu sein,
schon eher verliebt – selbstverliebt?

Ausgeleuchtet stehen sie einander in der Küche gegenüber,
voller Verständnis bedauern sie wortlos
den Verlust der Geheimnisse, die sie einten. Und kochen.

Sie sind so einvernehmlich miteinander geworden,
dass sich die Leidenschaft zwischen ihnen längst dorthin
verzogen hat, wo es keine Verstecke mehr gibt – ohne sie.

Beinahe ein Liebesgedicht

Berührst du mich, verzieht sich meine Brust
und etwas anderes nimmt ihren Platz ein,
ich weiß nicht, was es ist.

Unter meinem Nacken
liegt dein Bein, das andere
wippt frei in der Luft.

Bei dir zu Hause kommen
meine und deine Ängste
abermals nicht ins Gespräch.

Wann immer du mich nachts ansiehst,
vermisse ich dich so sehr, als wärst du bereits
verdunkelt – verstummen in Metaphern.

Ich sehe Wolken, größer als die Welt,
die treiben langsam auf mich zu.
Sag, weshalb ich so traurig bin.

»Man soll sich seinen Ängsten stellen.«
Steht das im Buch, das du liest,
ist's dir rausgerutscht oder hab ich's gesagt?

Leichter, als diesen Satz auszusprechen,
ist der Gedanke, dass sich der Teppich,
auf dem wir liegen, erhebt, mit uns entschwebt.

Entschwebt von dem, was wir verschweigen.
Wolkengleich dahin zieht, wo unsere Blicke magisch
alles von alleine klärten.

Ein Kurzfilm mit dem Titel »Beinahe ein Liebesgedicht«,
der im geöffneten Laptop hinter uns auf dem Tisch läuft,
stummgeschaltet.

Sie schläft jetzt mit einem anderen

»Love is a losing game.« 　　　　　　*Amy Winehouse*

Die Schwere in seiner Brust: Ein weit entfernter Abend
in einer fast leeren Bar, draußen regnet es,
in ihren Augen sieht er all das, was er begehrt,
aber nicht ...
Er fasst sich an die Brust: Eine Tür,
die hart zuschlägt, in einer leeren Wohnung.

Sie schläft jetzt mit einem anderen.

Relativitätspoesie

Lege ich mich zu dir, als hätte ich mich nicht zu dir gelegt
bist du mir so nahe, dass ich mich selbst vergesse.
Zwölf Stunden jenseits von Schein und Wirklichkeit
ritze ich unsere Namen in die Fensterscheibe
eines Zuges, der in diesem Moment
durchs Schlafzimmer donnert.
Ist nicht verrückt, ist Relativitätspoesie.
Erschrocken treten wir ans Fenster,
schau! Im Innenhof steht ein Baum,
der sich unsere Initialen
von alleine in die Rinde ritzt.
Frag mich nicht, wie er's macht,
schon gar nicht wozu.
Ist nicht verrückt, ist Relativitätspoesie.

Ich sehe uns am Fenster, du stehst hinter mir,
dabei ist's mir, als sähen wir einander
beide direkt in die Augen,
erkennten uns gar bis hinab zu den Wurzeln,
wo niemand von uns beiden noch
erklären könnte, wer zuerst hier war.
Ehrlich gesagt, komme ich mit meinem
begrenzten Körper oft nicht klar.
Hoffe einfach irgendwann so tief zu empfinden,
dass ich dir dort unten tatsächlich begegne;
etwa in einer U-Bahn, die uns unter einem Wald
an einen Ort bringt, den es noch nicht gibt.

Außer eingeschrieben in diesem Gedicht.
Ist nicht verrückt, ist Relativitätspoesie.

Schwarz-rosa

Aus der Dunkelheit wendet sich
eine Kirschblüte auf dich zu,
du wünschst, dass sie dich berührt.

Sie zieht an dir vorbei,
steigt hoch in den Himmel,
wird zu einem rosa Mond.

Du ringst nach Atem, bis dir die Augen flimmern
und dein Herz sich in ein verlassenes, sonnen-
durchflutetes Zimmer verwandelt.

Das ist es, so fühlt es sich an,
wenn man in jemanden verliebt ist,
der nichts von einem wissen will.

Deine Jacke

Natürlich war heute ein kühler Morgen,
als ich dich ein letztes Mal zum Bahnhof begleitete,
du wirst nicht wiederkommen, wissen es beide,
auch wenn wir nie darüber sprachen.

Der Brief, den ich dir nie schrieb, bleibt die Angst,
dass ich mich dir erklären soll, bis nichts
mehr von mir übrig bliebe als ein leeres,
jämmerliches Schlucken. Nun war's so weit.

Seien wir ehrlich, wir brauchen einander nicht,
brauchen einzig den Spiegel zu zerbrechen,
der uns viel zu lange ohne Widerrede
nach dem Munde schwieg. Das können wir.

Während ich mich vom Bahnhof entfernte,
zog ich mir deine Jacke über die Schultern,
hab's vermasselt; oder wir uns einfach verpasst,
ach! Erklärungen sind nur noch tödlich.

»Kurz bevor uns die Angst ganz lähmt, werden wir
schwerelos«, hast du mal zu mir gesagt.
Ich zupfe am Jackenkragen, werde fortgetragen.
Mein Puls geht schneller, da ich nun erstmals spüre,

Wie sehr ich diesen einen Menschen wirklich liebe,
will es mich augenblicklich böse zerreißen.
Deine Jacke gleitet von meinen Schultern.
Ich sehe in die Tiefe, ohne zu fallen – sprich ich fliege.

Glimmen

Montagnachts empfahl ich mich
fraglos deiner Traurigkeit,
im Auto vor dem Haus,
während du rauchend
in der dunklen Küche saßt –
als wäre Liebe zu ertragen.

IX

Wenn die Worte aufgebraucht sind

Wenn die Worte aufgebraucht sind

Die Sonne vor den geschlossenen Fensterläden –
   wovor fürchtet sich die Nacht?

Rauch in den Kleidern, Kleider verstreut über den Boden,
eine Dose umgekippt neben dem Bett – Gleichgültigkeit?
   Verschüttete Liebesmüh?

Nie mehr wieder.

Immer wieder: Die Nacht der Nächte, das Fest der
   Feste ... die Begegnung der Begegnungen.

Ein sich verflüchtigendes Versprechen.

Im Taxi auf dem Weg nach Hause, das träge Klagen über
   eine tote Stadt.

Aber was, was treibt uns immer wieder hinaus?
   Die Jugend, die nie endet?

Den Kopf im Kissen, das doppelte Aspirin kalt gestellt auf
   dem Display neben dem Bett,
im Badezimmer tropft der Wasserhahn, bedient im
   Halbschlaf, im Taumel, fehlende Kraft.

Nie mehr wieder.

Unausgesprochene Geschichten in die Haut geschrieben,
Augen tränen im Fahrtwind der Nacht.
Schatten schnellen über dein Gesicht.
Kontrolle verlieren, Leben leben.

Ich ritzte deinen Namen in meinen Arm, will dich nicht vergessen,
nichts ist für die Ewigkeit, kein Stück Haut, nehmt es hin: »Leben heißt Verfall«, gestochen mit schwarzer Tinte.

Lass uns schweigen, still sein, bloß weg hier ... die Welt liegt dir zu Füßen,
in deinem Kopf – ein Pfeil geht durch dein Herz,
ein Name brennt darin: Erinnerung.
Oh feiert hart!

Du bist ein viel beschriebenes Blatt und der Wind,
der nächste Wind trägt dich fort.

Am Siedepunkt der Langeweile, die aus Langeweile geballte Faust,
verstellte Sicht, weite Pupillen, lass uns Arschloch vor dem Herrn spielen.
Du dort, was guckst du? Ein beiläufiger Blick, eine böse Provokation.
Die Opfer sind die anderen, solange ich in mir selbst einen Helden erkenne,
dem ich nicht über den Weg traue.

Verschwende deine Jugend und all die Jahre, die folgen,
ich mach den ganzen Scheiß nicht mehr mit, ich ...
 Fokus? Fuck it.
Die Weite der Nacht, die Grenze zu was?

Durchs Schlüsselloch geblickt: Auf dem Laken liegt
 schnarchend, leise stöhnend oder still, ein wildes,
 gezähmtes Tier – die vom anbrechenden Tag
 verscheuchte Euphorie.

Nie mehr wieder.

Immer wieder: Gegen den Alkohol ist nicht anzukommen,
 Flasche nie leer, Kreditkarte gezogen, geklopft, Kokain,
 du kleine, traurige Idee von Freiheit,
Kokain und wie alle deine Gefährten heißen mögen ...
 ich entsinne mich nicht ... Filmriss. LSD-Mikroträume.
 Hustensirup. Alles im Griff.

Nie mehr wieder.

Immer wieder: Die ewig gleichen Spielchen in und um die
 Clubs; Scheiße labern, lachen, posen, tanzen,
 schüchtern sein, besserwissen, verachten, verlassen
 sein. Nervosität. Selfie. Aggression. Selfie. Eitelkeit.
 Selfie. Isolation. Selfie.

Auf der Toilette einen Spruch gelesen *Prävention dich selbst.*
Das System ist nicht zu besiegen, du kniest,
das System, das sind wir.

Aber die Nacht, diese eine Nacht öffnet das Herz! Und das
 Leben beginnt zu tanzen!
Die Dunkelheit in deinem Kopf weicht, es leuchtet,
 wunderschön – es ist möglich!

Jeder Augenaufschlag Liebe auf den ersten Blick:
 Das ist der Kick!

Wer alles erklären kann, hat nichts zu erzählen – nichts
 ersetzt Gespräche in tiefer Nacht mit fremden
 Menschen, die einem plötzlich näher sind als die aller-
 meisten, die man kennt.

Das suchende Herz gegen den Rhythmus eines
 schleppenden Beats, süße Melodie im Ohr und einen
 Songtext, über den nichts zu sagen bleibt als …
am Rand oder in der Mitte einer in Unfreiheit ver-
 kommenen Wohlstandsgesellschaft,
überlagern sich Bilder um Bilder – heilende Träume.

Immer wieder: Im kalten Glanz des Mondes besingen wir
 unsere Depressionen,
trinken auf die Banalität des Lebens und den Rückenwind,
 der uns fehlt.

Sind zu wach, um schlafen zu gehen und jetzt nicht noch weiterzutrinken,
zu trinken und zu vergessen, zu vergessen, was nicht ist.

Die Angst, das zu verlieren, was nicht ist.

Zum hundertsten Mal dieselbe Geschichte erzählt, zum hundertsten Mal dieselbe Geschichte gehört, die Erfindung einer glorreichen Jugend auf der Treppe vor einem schäbigen Treff.
Früher, früher ... ein Dorf, eine Kleinstadt, eine Stadt, die aufleben im Rückblick,
im Rückspiegel winkt dir die Zukunft – Retro-Party-Rezession.

Nie mehr wieder.

Als gäb's kein Morgen, gebrauchte Nacht, verbrauchter Tag ... gib Gas, oder lass dir zumindest keinen Kratzer in die Maschine machen.

In Kellern, WGs und Studios Exzesse, zwischen neuem oder ranzigem Mobiliar,
zärtliche Berührungen, Verschwörungen, ein nackter Fuß stemmt sich gegen eine Wand, oh, komm, kleiner Tod! Komm jetzt! Ah!

Wer irrt am schillerndsten durch die Finsternis?

Umkreist von zuckenden Mündern, der Türsteher.
Willkommen im Club. Gästeliste? Dein Name?
Schlummerlos? Nein?

Sind zu müde, um schlafen zu gehen und jetzt nicht noch
weiterzutrinken,
zu trinken, um der kühlen Nüchternheit der gefeierten
Vernunft zu entkommen.

»Du hast Potenzial.« – Ein Satz so erquickend wie ein
abgestandenes Bier zum Frühstück. Du wirst ihn morgen
hören, morgen kommt deine Mutter zu Besuch.
Sie hat dich längst durchschaut. Bis hin zum Schwarz unter
deinen Fingernägeln.

Erschlagen liegst du nachmittags im Bett. »War das
Ausdruck Ihrer Lebensfreude?«, fragt eine Psychiaterin
breitbeinig über dir stehend. Du schreckst auf.
Kopf unter Wasser. Scheißtraum. Erlösender Rausch.
Die Uhr tickt, die Zeit dehnt sich – in dein Unterbewusst-
sein tropft der Wasserhahn.
Wie lange warst du draußen? Stunden oder Tage? Mit
wem? Auf was?

Tief unter dir führen Kontinentalplatten
einen unendlich langsamen Tanz auf –
dein Puls geht schneller.
Du drehst dich um die eigene Achse.

Nie mehr wieder. Immer wieder.

Zwischen Zurabeitgehenden verglühst du, auf der Nase eine Sonnenbrille, die verschwiegen mit deinen Augen verwächst.
Doch erneut kommst du nicht zu dir – bist ein dir entfliehender Schatten.
In deinem Gesicht verläuft sich Kajal.

Ein Augenblick in der Nacht: Du stehst alleine an der Bar, die Toilette wird zum Ort deiner sexuellen Sehnsucht. Die Tinte unter deiner Haut beginnt zu kochen – wer hat dich nur so verletzt? Welche Dämonen suchen dich heim?

Liebling, lass mich jetzt nicht alleine!

Du trinkst Kummer.

Zwei Männer gehen Hand in Hand vorüber,
die Blicke, die sie längst ignorieren; stell dir vor, sie träfen
dich.
Queere Clubs gibt es, weil sie notwendig sind.

Nächte können so gnadenlos queerphob, rassistisch und frauenfeindlich sein.

Du sagst: Wer jemandem K.-o.-Tropfen ins Getränk tut,
gehört an die Wand gestellt. So denke ich. In diesem
Augenblick.
Die Polizei verkündet: Solange nichts passiert, können
wir nichts tun.
Nächte, die Selbstjustiz üben oder gleichgültig
wegsehen.

Nie mehr wieder.

Du schweifst ab, rennst davon.

Deine Gutenachtgeschichte erzählt von Graffitis,
politischen Parolen, Werbebannern.

Die Plastikbecher mit Whiskey-Cola auf der Mauer:
Messerelikte. Wem wird gehuldigt?
In Büsche pissend schweigend nebeneinanderstehen ...
mehr männliche Zweisamkeit war nie. Alles ist eine
Frage des Maßes. Du mich auch.

Heißhungerattacken: Döner Kebab, Burger, Bretzel,
Blödsinn, Sauce auf'm T-Shirt – Reinigungskräfte leben
in einem Paralleluniversum – erzähl mir nichts.

Erinnerst du dich? Wir halbstark? Eher halbschwach-
sinnig, halbschlau,
grölend, Spruch, um Spruch ... lass gut sein.

Da! Am Abgrund bewegen sich die wahrlich verlorenen Nachtvögel:
ein Junkie tritt weg,
eine Prostituierte richtet ihre Perücke: ihre erloschenen Augen im Spiegel erzählen vom System, das wir ausmachen, vom System, das sie ausblendet.
Ein junger Mann zerreißt ein abgelehntes Einbürgerungsgesuch, ein Staat wird verflucht, ein anderer glorifiziert.
Gruppen junger, gleich-gekleideter, -frisierter, -geschalteter Männer, die ohne Ende testosterongeladen von Ehre und Stolz reden, ohne Ende sexistisch, ohne Ende narzisstisch, und ohne Ende die heimliche Schande ihrer heillos überforderten Mütter sind.
Die Grenze zwischen ihnen und dir ist fließend. Sieh nicht zu lange hin. Oder ruf zuerst deine Leute an.

Ein Messer blitzt in mehr als 47 Sprachen auf – wer alles erklären kann, hat nichts zu erzählen.

Driften durch die brutale Schönheit der Nächte.

Hip-Hop lebt sich in Wohnzimmern mit behandelten Naturböden während der Lektüre einer eintönigen Rapstarbiografie zu Tode. Du denkst an einen Krankenkassenwechsel. Denkst über deine Karriere nach. Reibst dir wehmütig Lippenstift vom Mund. Spuckst Zuversicht auf den Boden.

Der Verstand ist der Feind der Nacht, die Party geht zu
Ende.

Eine schwangere Frau vor dem geschlossenen Club,
weinend, will nicht abtreiben, der Erzeuger unterdrückt ihren Anruf, ein Kleindealer telefoniert gegen
seinen Untergang, sieht an allen Ecken Zivis stehen, ein
Gastronom legt gewaschenes Geld in den Tresor, ein
Streifenwagen erregt die Aufmerksamkeit, jemand ruft
»fuck the police«. Und irgendwo stürzt ein Mädchen
von ihren Plateauschuhen kreischend in die Tiefe und
verschwindet für immer.

Das Nachtleben als Psychose.

Tote Freunde erinnern uns.

Detoxing-Fantasien.

Nie mehr wieder – die Nacht zwingt uns nicht nieder –
immer wieder.

Du sprichst einen wartenden Taxifahrer an, fragst ihn,
woher er komme. »Syrien.«
Du wechselst das Thema, die Welt ist klein, du willst jetzt
nicht reflektieren.
Alles hängt zusammen. Nie mehr wieder.

Das Autoradio spielt ein Lied; es ist, als wäre es nur für dich,
nur für dich in diesem Augenblick geschrieben worden:

Betrunken & Verzweifelt *(Radio Edit)*

Bitte schließt alle Bars in dieser Stadt,
sie saugen mich ein, sie spucken mich aus,
schutzlos unbesiegbar treib ich durch die Nächte,
bis mein Innerstes zum Äußersten eskaliert,
o Desaster, reich mir deine trunkene Hand,
halte mich fest, trinke mich, verwandle mich!

Bitte schließt alle Bars in dieser Stadt,
es repariert mich nicht, ich kann nicht mehr,
es säuft mich auf, mein haltloses Leben!
Seht! Ein Glas umschließt meinen Kopf,
ich hebe ab und verlass die Erdatmosphäre,
werde Astronaut – nicht mal hier find ich dich, Liebe!

Bitte schließt alle Bars in dieser Stadt,
o trauriges Wesen im Spiegel hinterm Tresen,
ich stürze mich durch die hellerleuchtete
Dunkelheit dieser Heilanstalten – trinke mich aus
der Isolation, dem Selbstmitleid, dem Schmerz,
heile meine Wunden mit Sprit, o heilende Musik!

Bitte schließt alle Bars in dieser Stadt,
nein, schließt mich ein, nein, werft mich raus!
Hörst du mich? Ich brenne in deinem Glas,
siehst du mich denn nicht? Hier unten bin ich,
rettet mich vor mir selbst und trinke mich
in die Freiheit, finde ich dich auch nicht, Liebe!

Mit vielen Worten wenig sagen, mit wenig Worten ...
... und plötzlich sind sie aufgebraucht.

Die Einsamkeit hat dich im Griff.

Das Versprechen der Nacht verliert nichts von seiner
  Kraft, aber wir werden älter, hören andere Frequenzen,
  beugen uns dem Tagwerk, fügen uns vollends, fast ...
es rauscht, wir schweigen und sehen hoch in lila Wolken,
blinzeln in die Sonne und sagen ... schön, so verloren zu
  sein.
So einzig im Hier und Jetzt.

Die Aussöhnung von Tag und Nacht verpassen wir
jenseits von Tag und Nacht.

Weißt du noch? Ach, vergiss es,
einen Letzten nehmen wir noch.

Und dann? Kapitulation?

Nein.

Wir leben vermutlich zum ersten Mal.

Wie soll da alles auf Anhieb klappen?

Nachtrag

Kunst

Wenn ich für meine Antwort auf die Frage,
ob ich von der Kunst leben könne,
jedes Mal Geld kriegte,
könnte ich alleine von dieser Frage leben.
Aber das wäre keine Kunst.

Inhalt

I
Ein Staubkorn in der Ewigkeit

Anfang   9
Liebe als Bewegung   10
Defektes Leben   11
Zu große Gefühle   12
An eine Wand zu sprühen   13
Suche nach Verbündeten   14
Magische Heimat   16
Frau in geparktem Mercedes   17
Nachtschwimmen   18
Allein, allein   20
Kosmisches Gedicht   21

II
Wir schaffen das

Gute Menschen   25
Schichten   28
Blick aus der Vergangenheit   29
Pionier ohne Grund   30
Unsere Namen   31
Gott vor dem Urknall   32
Die Fragwürdigkeit des Menschen   33
Großes, wandelndes Blatt   34
Lockdown   36

Offenes Weiß 38
Monolog einer Pfütze 39

III
Kommendes Paradies

Kommendes Paradies 43

IV
Unheilbar am Leben

Schwarze Tauben fliegen auf 51
Spiegelgedicht 53
Irgendwann am Abgrund die Erlösung 54
Ewige Sekunden 56
Flug der Identitäten 57
Ohne Ende 58
Ich glaube 59
Ohne Titel (blau) 61
Teenage Sonnenuntergang 62
Im Himmel über Berlin 63
Am Horizont 64

V
Roter Faden

Episch 67
Sein Zimmer (tolstoisiert) 68
Neues Ritual 69
Die erste Präsidentin der Vereinigten Staaten 70
Vermisste Katzen 71
Roter Faden 72
Dankesbrief an den Surrealismus 73
Mein Papierkorb 74
Das niemals niemanden verletzende Abc
(der Rest ist Schweigen) 75
Sprachverlost 76
Notiz 77

VI
Die beste Gesellschaft

Die beste Gesellschaft 81

VII
Der Handel mit zukünftigen Schulden

Tödlich 89
Künstliche Intelligenz 90
Gedicht für eine beliebige Nation 91

Erste Hilfe für Anzugträger
(auf dem Paradeplatz in Zürich rumzuschreien)   92
Atheistisches Gebet   93
Rede eines Versicherungsspions   94
Kriegserklärung   96
Parallelflüchtende   97
Blow Job   98
Ein Kind   100
Versinken   101

VIII
Als wäre Liebe zu ertragen

Gemeinsame Sprache   105
Liebe   106
Sandmann   107
Eines fürs Poesiealbum   109
Zusammen kochen   110
Beinahe ein Liebesgedicht   111
Sie schläft jetzt mit einem anderen   113
Relativitätspoesie   114
Schwarz-rosa   116
Deine Jacke   117
Glimmen   119

IX
Wenn die Worte aufgebraucht sind

Wenn die Worte aufgebraucht sind   123

Nachtrag

Kunst   139

Zum Autor

JÜRG HALTER, 1980 in Bern geboren, wo er meistens lebt. Halter ist Schriftsteller, Lyriker, Spoken Word Artist und Speaker. Er gehört zu den bekanntesten Schweizer Autoren seiner Generation und zu den Pionieren der neuen deutschsprachigen Spoken-Word-Bewegung. Studium der Bildenden Künste an der Hochschule der Künste Bern. Regelmäßig Auftritte in ganz Europa, in den USA, in Afrika, Russland, Südamerika und Japan. Zahlreiche Buch- und CD-Veröffentlichungen. Der Gedichtband *Gemeinsame Sprache* ist die erste Publikation von Jürg Halter im Dörlemann Verlag.
www.juerghalter.com

»Es gehört zur wunderbaren Leichtigkeit dieser anrührend schönen Liebesgedichte, dass sie immer wieder einen Hauch von Heiterkeit zeigen, einen Glauben an die Hochseilartistik der Sprache, in der dem Leser nicht weniger zukommt, als der rettende Fänger zu sein.«
Angelika Overath, Neue Zürcher Zeitung

Zum Buch

Gemeinsame Sprache lautet der Titel des neuen Bandes von Jürg Halter, einem der wichtigsten deutschsprachigen Lyriker seiner Generation. Seine Gedichte werfen kaleidoskopartig Schlaglichter auf unser Sein und unser Zusammenleben. Sie erzählen vom Gemeinsamen und vom Trennenden; melancholisch, mutig, zornig und auch ironisch. Die Gedichte sprechen von der Vereinsamung in Städten, vom Drogenrausch in den Clubs, sie beschäftigen sich mit streunenden Katzen, suchen nach der besten Gesellschaft, erkunden die Farbe Blau, erfinden das niemals niemanden verletzende Abc. Und immer wieder loten sie die Tiefen der Liebe aus.

Danksagung

Der Autor dankt der Stadt Bern, dem Kanton Bern und dem Urknall für die noble finanzielle Unterstützung der Arbeit an diesem Buch. Mehr noch dankt er seinen großherzigen Eltern für alles.

Der Verlag bedankt sich ebenfalls.